GRAFFITI

POESÍA

HUERGA & FIERRO EDITORES

DIRECCIÓN GENERAL DEL LIBRO
Y FOMENTO DE LA LECTURA

Esta obra ha recibido una ayuda a la edición del Ministerio de Cultura y Deporte

Este libro está impreso íntegramente en papel certificado FSC.
(Papel extraído de explotaciones de bosques sostenibles). El uso
de este papel refleja nuestro compromiso con el medio ambiente.

HUERGA Y FIERRO EDITORES, S. L. U.
C/ SEBASTIÁN HERRERA, 9
28012 MADRID (ESPAÑA)
TELÉFONO: 91 467 63 61
E. MAIL: huerga@huergayfierro.com
WEB: www.huergayfierro.com

PRIMERA EDICIÓN
2025

DISEÑO DE ÁNGEL LUIS VIGARAY

DEPÓSITO LEGAL: M-5742-2025 — I. S. B. N: 979-13-990057-1-4
IMPRESO EN ROMADAC Industria del Libro.
IMPRESO EN ESPAÑA

EL VAHO EN LOS ESPEJOS

Dionisia García

EL VAHO EN LOS ESPEJOS

DIONISIA GARCÍA

Prólogo
MIGUEL ESPINOSA

GRAFFITI

HUERGA & FIERRO EDITORES

PRÓLOGO

I

En este prólogo, entenderemos por sentir estético la manifestación de la conciencia, o interioridad, como intuición primera y emocional del mundo; definiremos el mundo como totalidad que abarca a la propia conciencia, y, naturalmente, como el objeto último de cualquier proposición.

El sentir estético resulta intransitivo, igual que el sentir ético; trátase de algo referido a sí mismo; es, sencillamente, lo que hay, pues ni el mundo ni su revelación pueden ser inventados.

Estético es odiar, esperar, temblar, desear, contemplar, ensimismarse, recordar; estéticas son la melancolía, la acrimonia, la mirada clara u oscura, la repugnancia, la alegría, la modestia, la vivencia del mal; estéticos son el orgullo, el pavor, el desamparo, el gozo, el consuelo y el desconsuelo; por último, las sensaciones de frío, de dolor, de los colores, son también presencias estéticas.

El arte, en general, es una expresión estética del mundo, y el arte literario, un conjunto de proposiciones que denominaremos estéticas, trabadas bajo la forma de la inexorable estructura lógica. A través de la literatura expresamos, pues, el mundo de una manera intuitiva, espontánea e intransitiva; tal hace el grillo cuando estridula.

En cuanto el mundo es lo dado, resulta inobjetable, y, en consecuencia, ser sagrado. Cabe, por tanto, considerar la literatura como la descripción de lo sagrado en cada particular o en el conjunto de ciertos particulares; en este sentido, escribir es realizar una determinación de lo santo.

Lo trivial es la antítesis de la literatura; llamamos trivial a la proposición vacía de todo contenido, así estético como eidético, ético o memorial.

Donde no aparece la realidad, se halla la trivialidad.

II

Llamaremos libertad a la que nos identifica con la posibilidad. El sentir estético es el reino de la absoluta libertad, cuya más alta materialización titularemos lirismo o expresión de la pura interioridad.

Denominaremos representación a la figuración que la conciencia hace de un objeto externo, por ejemplo de una balanza. La representación es típicamente eidética, no estética.

Denominaremos afección a la aparición, en la conciencia, de un algo que carece de objeto exterior, por ejemplo, la melancolía. En la afección, el algo y la conciencia vienen a ser un mismo suceso. Se dice, por ello, que una comparecencia nos ha afectado cuando se halla en nuestra conciencia como la conciencia. La afección supone la encarnación del significado en la interioridad, de manera que el significado es la interioridad, y ésta, el significado. La afección resulta patentemente estética, y sólo estética.

El lirismo no opera por representación, sino por afección; todos los algos son, por la mediación del lirismo, revelación de la conciencia. Cuando el lírico describe, no mira las cosas, sino la conciencia, silo de donde saca los algos que las proposiciones muestran; escribir es siempre recordar, no retratar:

> "Extraño y solitario,
> no es de nadie su música,
> ni su gemido ausente cuando le empuja el viento,
> cuando riza las aguas e inquieto se transmonta,
> lleno de regocijo..."
>
> (Libro I, "El mar")

El lírico no ha obtenido esta visión de la contemplación directa e inmediata del mar, sino de la troje de su interioridad, donde todos los objetos, transfiguradas presencias estéticas, poseen igual calidad:

"Tienes hecha la mente
de zozobras vertidas,
de torrentes,
de aguas alborotadas
de amor..."

(Libro II, "Isidro Vera Padilla")

Al igualar el valor de las apariencias, el lirismo conjunta la diversidad de las índoles, figuras, formas y entes, por lo cual alcanza la posesión de lo insólito, deviniendo suceso excarcelado del principio de probabilidad, que rige la manifestación de los hechos:

"Tres palomas tocaban desde dentro:
asta, pico, diente de caracola..."

(Libro II, "En el recuerdo de Miguel Hernández")

III

Llamaremos metáfora al uso, en un cierto sistema, de elementos legitimados en otro sistema. La metáfora es el vehículo del lirismo.

"El vaho en los espejos
es oportuna niebla
que roba identidades..."

(Libro I, "El vaho en los espejos")

El vocablo "niebla" es elemento legitimado en un sistema físico de cosas; el lírico, empero, lo usa dentro de otro sistema. Igual ocurre con el término "identidades", aplicado al verbo robar.

Valga decir que la metáfora viene a resultar la interioridad de la exterioridad de una enunciación o de un concepto:

"Habremos sido aliento,
humo,
rosa,
crespones encendidos,
colores,
carcajada,
agua,
risa,
fuego,
llanto…"

(Libro I, "No estaremos")

El objeto "humo", que desde el punto de vista físico es pura exterioridad, aparece como interioridad al ser nominado metafóricamente; al emplearlo de esta manera, el lírico penetra su ser.

Frente a lo que podría deducirse de una observación ligera, el lírico no elige la atribución; ésta le es impuesta forzosamente, como la piedra al geólogo o el insecto al entomólogo:

"Un árbol es un punto
orgulloso y sereno:
su sombra tapa un bulto…"

(Libro III, "La Mancha")

Si el lírico pudiera inventar o elegir la atribución, el lirismo no describiría el mundo; expresado en otras palabras: el lenguaje poético no sería entendido. La diferencia entre un mal poema y un poema bueno estriba, precisamente, en la evidencia que el lector alcanza de la no arbitrariedad de las atribuciones:

"remanso de la efigie lunar,
receptor siempre alegre…"

(Libro I, "El mar")

predícase del mar, y ello no resulta gratuidad; por el contrario, cuando pueden trocarse los atributos de los objetos aparecidos en un poema, sin caer, no obstante, en el sinsentido, aquél no es literatura, sino palabrería.

IV

Todo sistema, por infinitos elementos que muestre, es discontinuo; por propia definición, un continuum no es un sistema, sino el mundo.

El lirismo, al mezclar y trocar libérrimamente los objetos y sus predicaciones, se muestra, por lo menos, como parcela de un continuum; por consiguiente, encierra lo místico, ya que la última realidad no es un sistema. En poesía no existen hipótesis ni conclusiones.

Asombra constatar que el lirismo pueda igualar las cualidades de los objetos e intercambiar sus predicados sin abandonar la lógica o estructura formal de la realidad, que, en el discurso literario, se muestra bajo el modelo de la sintaxis gramatical. Ello enseña que la lógica resulta comparecencia independiente de cualquier posibilidad; o dicho de otra manera: que lo necesario y lo posible están sometidos a una misma condición. Tal cuestión, empero, no será tratada en esta ocasión.

En el lirismo no hay fenómenos; todas las apariencias son allí el ser, todos los objetos se presentan como esencias:

> "Luz
> que inesperadamente rompe
> en un canto confuso y ambulante;
> luz que amortiguó lo inquieto
> y no guardó el pasado
> en presente constancia;
> deslumbrante y sonora,
> su pureza de agua,
> su mar de colores,
> se cambió cada día…"
>
> (Libro I, "Almarcha del Segura")

Cuando el lírico intenta comunicar meramente sus impresiones, lo estético se degrada y cae en la parcela de las opiniones; en consecuencia, se aparta del arte. El sentir estético sólo se objetiviza como acontecimiento cuando aparece como forma o estructura literaria, figuración donde surge, como obra, como poema, el contra-sujeto:

"Nunca se vio la tierra tan querida,
ni la colina humilde, que, latente,
buscaba cantar de alguna voz dolida..."

(Libro II, "En el centenario de D. Antonio Machado", soneto)

"Díxome la moza", según expresa el Marqués de Santillana, es proposición que encierra, además de una aparente información, una bella imagen, una parcela del mundo. "La moza me dijo", por ejemplo, resulta oración menos bella, porque acopia menor particularidad. "La hembra humana de quince años me dijo", según podría también expresarse, deviene, a todas luces, proposición meramente informativa: carece de cualquier particularidad, es simplemente universal, y, por consiguiente, nada estética.

Que ciertas combinaciones de palabras, y aun de sonidos, encarnen lo particular y estético, y que otras no lo encarnen, es misterio que pertenece al reino de lo místico, como la existencia misma del mundo. Cuando sobre ello pueda comentarse, será reflexión sobre lo ya dado e intuido por el lírico:

"Te nací
árbol,
impronta luz,
niebla adormecida,
trenzado alboroto..."

(Libro II, "Pequeñas elegías")

V

La libertad que representa el lirismo, pretende ser, como ya hemos dicho, identificación con la posibilidad. Por la me-

diación del lirismo, la conciencia elige la determinación que encarna una posibilidad, pero al mismo tiempo, aun sin advertirlo, se somete a la necesidad; si así no ocurriera, el poema resultaría ininteligible, según apuntamos en su momento.

Por consiguiente, lo que en un principio parece liberación, viene a convertirse en exposición de una doble dependencia: la sujeción a la posibilidad y la sujeción a la necesidad. Esto se llama contradicción y zozobra, destino final de todo lirismo.

Cuanto la conciencia del lírico nos muestra, genera pavor en la nuestra; como las montañas, como los pajarillos, como los niños, como los ancianos, como todo lo existente, los poemas nos angustian. Cualquier pasado hácese allí presente doloroso, y cualquier presente, temor del futuro. Al querer manifestar el mundo como libertad, y caer, no obstante, en la contradicción expuesta arriba, el lenguaje deviene queja impotente y sucia, así cante la amistad, como la alegría, el deseo, el amor o la muerte:

"Le nacía el asombro,
cada día estrenaba
su sonrisa,
su casi adolescencia,
desvanecida en oscuro indumento;
pies de pisada firme,
como abriendo caminos,
como dejando en rabia
de un tiempo la constancia..."
(Libro II, "El último homenaje: A José Luis Alemán")

"Ya puedes venir, marido;
tu esposa espera en el lecho..."

(Cátulo)

"Despierta, sí, cerrada
caverna de coral. Voy por tus breñas,
cabeceante, ciego, perseguido.

Ábrete a mi llamada,
al mismo sueño que en tu gruta sueñas…"
(Rafael Alberti)

"De flores y esmeraldas,
en las frescas mañanas escogidas,
haremos las guirnaldas,
en tu amor florecidas
y en un cabello mío entretejidas…"
(San Juan de la Cruz)

"Con los ojos a la lluvia y los elfos de la noche,
yace allí, en la zona quince, en Musocco,
la mujer emiliana por mí amada
en el tiempo triste de la juventud…"
(Salvatore Quasimodo)

"Alabada seas, noche eterna;
alabado seas, sueño eterno…"
(Novalis)

¿No resultan igualmente angustiosas y tristes las seis estrofas? La proposición de Hölderlin: "Quien piensa lo más profundo, ama lo más vivo", no es otra cosa que una frase brillante. Para quien piensa profundo, nada hay en verdad que devenga solución del juicio, ni siquiera lo profundo mismo; lo existente aparece, para el alto pensamiento, como una mancha en el seno de la nada, y lo muerto, como una subjetividad.

Valorado desde el punto de vista de estas reflexiones, el lirismo es la sarna de la nada: la conciencia que se reconsidera como ser y como subjetividad de no ser. A veces, bajo hermosos versos, esta conciencia no expresa más que su propia banalidad, como sucede en la famosa estrofa del "Cementerio Marino":

"Gritos, entre cosquillas, de muchachas,
ojos y dientes, párpados mojados,
seno amable que juega con el fuego,
sangre que brilla en labios que se rinden,
últimas concesiones y dedos que se oponen:
bajo tierra va todo y entra en juego..."

(Paul Valèry)

La prosa muestra siempre la probabilidad; la poesía, la posibilidad y la necesidad, según venimos sosteniendo. El desprecio de la probabilidad transforma al poeta en ser irrazonable, y, por consiguiente, en comparecencia que empavorece. Toda conciencia preñada de sí misma, horripila:

"¡Ay!, cómo pasan los años, Póstumo,
querido Póstumo..."

(Horacio)

"Decidme: la hermosura,
la gentil frescura y tez
de la cara,
la color y la blancura,
cuando viene la vejez,
¿cuál se para?..."

(Jorge Manrique)

"Pastores, perros, chozas y ganados
sobre las aguas vi, sin forma y vidas,
y nada temí más que mis cuidados..."

(Luis de Góngora)

"Tiemblo
al pensar que, algún día,
ya no veré las lilas de los huertos..."

(Libro I, "Habrá lilas")

"¿Por qué el ente, y no más bien nada?" —se ha preguntado famosamente alguien. Y nosotros concluimos este prólogo con una inquisición semejante: "¿Por qué la posibilidad y la necesidad hablan, y no más bien callan? En suma: ¿Por qué el lirismo?".

MIGUEL ESPINOSA

EL VAHO EN EL ESPEJO

I

Amstrong: ha sido un verdadero cambio para nosotros. Ahora, por primera vez en este viaje, podemos ver de nuevo estrellas y reconocer constelaciones. El cielo está lleno de estrellas, como las noches en la tierra.

NORMAN MAILER
(Un fuego en la luna)

VACÍOS

Se quedó atrás la noche
y el hueco quebrantado;
se quedaron los hitos;
sin señalar, las letras
se quedaron.

Era todo muy joven,
en una tromba fría
aparecieron;
era todo muy joven,
sin señalar,
y se perdieron.

Cruzaron las sonrisas,
los abrazos,
el aire, la potencia,
la medida del tiempo,
y lo dijeron.

Limpieza de colores
en ese soplo ambiguo;
tendidas las escalas,
no supieron subir,
y lo sintieron.

Juego de aparecidos
en un instante neutro,
sin rubor en los rostros,
con cansancio profundo,
sucumbieron.

El acento se mueve,
se estira, se duplica;
sin recursos audaces,
en una magia antigua,
lo cubrieron.

Cogidos los racimos
en espuria derrama,
sortearon lo inquieto;
como una vanagloria
decrecieron.

NO ESTAREMOS

Un día no estaremos en el ser,
en este ser de ahora,
de nosotros y de todas las cosas;
habremos sido aliento,
humo,
rosa,
crespones encendidos,
colores,
carcajada,
agua,
risa,
fuego,
llanto,
chispeante zozobra,
aburrimiento,
cadena,
trance,
alas,
enarmonías,
números,
enseres,
acribadas y mínimas materias,
destierro,
libertad áurea;
suspendidos en hilos de atmósferas,
miraremos distantes
esos puntos que fuimos,
y que quedan en otros
sin posesión alguna.

EL VAHO EN LOS ESPEJOS

El vaho en los espejos
es oportuna niebla
que roba identidades:
nuestra marca,
nuestro cuidado armónico;
sentimos inquietud
y buscamos los bordes
inmersos en angustia fugaz:
somos, éramos, fuimos.

Sin perder el enfrente,
ansiamos la vuelta
de la línea precisa
que juega con nosotros
en el paso del tiempo;

suave y nítida vuelta,
traidora vuelta,
llorada vuelta,
temida vuelta;

mansamente
palpamos el encuentro
mientras decae el deseo.

ALMARCHA DEL SEGURA

Luz
que inesperada rompe
en un canto confuso y ambulante;

luz
que amortiguó lo inquieto,
y no guardó el pasado
en presente constancia;

deslumbrante y sonora,
su pureza de agua,
su mar de los colores,
se cambia cada día.

Luz
hasta en la tierra blanca:
sin limo, sin azogue,
donde el pie no se hunde
porque el agua no quiere
que el sol beba su espuma.

Luz
sobre los picos altos,
sobre el valle parado,
ardiente de silencios:
¡cegadora belleza!

Palmeras,
verdes locos,
envoltura elocuente
en un polvo amarillo.

SE DIRÁ

… Se dirá:
nos hicieron difíciles,
oscuros,
desbarajados
entre fronteras
de hormigón centenario,
hechas cuerpo;

manejados,
obtusos,
inexplorados,
supervivientes siempre;

cargados de carteles
grafiados en gritos,
en palabras con H,
con acentos,
con rótulos:
memorias archivadas
que han perdido vigencia.

Habrá otra parte
que espere hora
en ese saco atado y grande
de las cosas que vienen
sin previsión ni orden:
alguien sabrá ver,
determinar,
concluir y contar
el final también con H,
donde sólo el eco
dará constancia.

EL MAR

No supe verlo nunca
aislado de la tierra,
en toda su medida
de agua sola, estable,
eterna, sin origen,
almacenada a pompas
por crisálidas vírgenes en llanto derretido;
sólo es posible así
su belleza mojada:
cuando tiembla de verdes o cabalga de espuma,
o se asoma mordiendo los bordes de la tierra;

extraño y solitario,
no es de nadie su música,
ni su gemido ausente cuando lo empuja el viento,
cuando riza las aguas e inquieto se trasmonta,
lleno de regocijo;

remanso de la efigie lunar,
receptor siempre alegre,
envoltura del cuerpo:
sin tocarlo, lo ayuda,
lo detecta,
y lo maneja ausente en desafío;
lucha cálida y viva de cercanos temores.

Las manos acarician la brecha; salvadoras,
inciden en un juego de lucha y claridades,
de nebulosa glauca,
revuelta y chasqueante.

Poder
y amontonado asombro,
invasión loca,
que juega desordenadamente con el riesgo,
con los ojos,
que limitan
y en son repiten:
mar...

EHEU, FUGACES...

HORACIO, *Oda XIV, Libro II*

Cuando vuelvas, ya no estarán aquí;
serán otros los que pinten los postes,
los que abracen a las muchachas rubias
y regalen mecheros automáticos;

habrá cambiado la moda su color:
los zapatos morados envejecen
sobre sus plataformas,
sobre su tiempo corto en menosprecio.

Hoy he querido dilatar la noche
para oír la música del clavicordio,
que llegaba tenue desde la ausencia;
alguien supo sacar la melodía,
guardada tras el umbral del tiempo.

Las muchachas se fueron;
en su bolsa de paja
guardaban un "cassete";

el autobús arrastró las sonrisas.

Un aire fresco me hizo preguntar:
¿estará aquí la verdadera melodía?

SILENCIO

Los gritos no son,
se engendran siempre
en un instante débil:
nacen de hongos nocivos
que brotan en los rincones del cuerpo.

El silencio es hermoso,
allí las palabras afloran tenues,
valientes,
intactas,
seguras receptoras;
no las manchan el día ni la noche.

Quien sabe decir
ha matado sus hongos,
ha saltado sobre su composición corpórea,
sobre su agua,
sobre su oxígeno,
sobre sus ácidos;

es hermoso saltar,
decir con amor,
con equilibrio,
tocar eso que somos,
temernos,
sabernos
para matar los hongos.

He visto bellos y purificados cuerpos,
conscientes,
materiales,
adultos,
seguros,
que han matado sus hongos.

SI YO PUDIERA

Si yo pudiera aprender del silencio,
si yo pudiera tener los ojos,
y las manos,
y ese algo
que se mueve
y llora
muerto,

rompería las fauces de cualquier ser,
tañería campanas
empapadas
en risa
viva.

Es difícil tener la cara
cubierta de amapolas
y entretejer con luces
los espacios vacíos
que anidan
con el
miedo.

PÁJAROS ROTOS

He visto un embrión de pájaro,
mutilado, roto sobre una rama,
por descuido del viento y de las hojas;
absoluto silencio
despidió su desgarro,
sus alas en potencia;

perdida la señal,
un reflejo de sol secaba su vida taladrada,
una sombra con olor a resina,
que llamaba a viajeros del aire:
habitantes de nubes,
atletas que trabajan
en un campo hialino
(donde las sensaciones llegan vivas
entre ondas naturales),
y amainan vuelo raudo,
alertas al mensaje;

congregación de plumas
que llegaron sin lágrimas,
emitiendo ese canto
que habría de ascender
hasta el Cielo de los Pájaros Rotos.

CONVOCADOS

De entre el temor está naciendo vida:
el que no sepa verlo,
que se vaya;

de la angustia, de la soledad, de la incomprensión:
el que no sepa verlo,
que se vaya;

que se vayan todos los que no quieran
levantar su sayal para avanzar erguidos
en las montañas o en las aguas;

que se queden
aquellos que sepan deshojar un trébol
en círculo de cinco
y distribuir las aguas de la inundación,
mientras crecen
como racimo de trigo apretado;

¡que se queden!

HABRÁ LILAS

Tiemblo
al pensar que, algún día,
ya no veré las lilas de los huertos,
ya no oleré la tierra
en caricia que esponja
ni cruzaré palabras
en mañanas de sol
o niebla,
hermosas e incitantes.

He visto a mis amigos;
he sentido deseos de besarlos,
de tenerlos así,
porque más tarde no habrá besos de ahora.

No me gusta creer
que las lilas perderán su existencia
tras los telos de la noche,
de esa noche,
han de existir,
porque también ignoro
si, en alguna parte, cerca de mí,
hay presencias
que no palpo
y fueron siempre.

Tenemos algo de mar,
llegamos desde lejos,
trivializamos
el tiempo y el espacio.

Implacable es la lógica,
mas prefiero aceptar
que habrá lilas más allá de este tiempo,
y que podré tener a mis amigos.

SIGNOS

No quiero salir de esta estancia oscura;
necesito la sombra
y el olor a la cera derretida,
y la huella que ondula entre la piedra,
trabajo de una grey que nadie cita,
dura materia en manos sin medida.

En busca del misterio,
hemos pasado al otro laberinto,
lleno de claridades,
de puntiagudos trazos
y disimulo ascético;
hemos cubierto mármoles,
tallas evocadoras,
cirios ennoblecidos
y atriles arrogantes;
nuestro gesto es altivo,
en desafío incrédulo
a las formas pasadas.

Desconcierto inaudito
en ruptura aparente
de quebradas cadenas
que sólo fueron signos.

LAS MARCHAS

Las marchas adormecen,
hacen oscuro el aire:
por lo bueno que pasa,
por el mal que acontece,
por ese son forzado de marchar sobre algo,

accidentes confusos,
enlazados consuelos
que se rompen
en el momento mismo de existir;

marchas
bajo techos de lunas,
miedosas,
solas:
nacen
para ser el valor
que no es sin tambores,
porque el silencio es cauto;

victorias
con ruido uniforme y son rotundo:
todos las sienten
en los pies encendidos;

brevedad,
urgencia,
quebrado paso rítmico,
si nacen empapadas
en el instante impávido
de esa agresión y fuerza que va quebrando el límite;

repetición que enreda
y, enardecida, crece
en un bloque compacto,
cuando ya el ruido es cuerpo,
cuando las alas pliegan
(en desentreno inmóvil)
el árbol de sus plumas,
y arremeten, sin ellas,
los que en fuerza crecieron, apagados en todo;
marchas en el recuerdo,
fulgores, añoranzas,
rueda de escarapelas soñadas entre bronces;

son,
compacto son,
adiestrando gacelas,
rotas bajo la indumentaria hostil
que arredra al paso;

son
que conmueve los rostros,
fijos y enardecidos,
de los que sienten dentro
el empuje, hecho eco,
de una idea, hecha música,
en una noche,
en un día,
cuando el arrebato místico puede nacer,
envolviendo algo que precisa manifestarse.

ADOLESCENTE

Lo vi en la noche opal,
pisoteando lunas a zancadas;
incontenidos vientos
desnudaban su cuerpo,
lleno de brazos tristes,
de manos que, crispándose, sobraban;

lo vi más en el llanto,
con las culpas de nada,
empapado su rostro
de ese sudor acorde
que aboca en agresiones
sin hora ni razón;

es áspera alegría,
sujeta siempre a cambio,
sosteniendo la red,
invertebrada y floja,
que el tiempo cambiará
en suave arquitectura;

aleteo presente,
fuerza,
batalla,
intento,
mudo vocabulario
que agrede con los ojos,
esperando respuesta
sin principio ni fin;

tímida soledad,
en angustia que asedia con temores,
y amanece aflicción,
y se muda en denuedo,
con el arropo inquieto
de una marcada hora,
núbil y entristecida.

Si la fuerza contara
en ese vano intento,
llenaría de lunas las mañanas,
en turbulenta vuelta;
nacerían los cielos
tres veces multiformes
y sonarían ecos
como la voz primera.

… Lo vi llorar "porqués",
y nacer en las sombras,
para morir al alba
en desgarrado augurio, sin futuro,
hasta que el tiempo deje de jugar.

NOCHES, OJOS, MUECAS

Era flaca y metálica,
ojos entretenidos en el azul del cielo,
los pies resquebrajados y un olor agridulce
de paloma empapada
en el vaho del viento y de la bruma.

Tibio amago de rosa maltratada,
corredora de noche;
en el día, dormido anda su cuerpo,
refrescando la opacidad de su piel marcada,
rota hasta la cintura,
de abrazar en desvelo
unos cuerpos anónimos,
apremiantes, viajeros,
turbios y singulares,
en lo que nada dan,
en lo que nada dejan,
en lo que sólo son.

Cintura rota,
difuso amanecer
señalado de ojos,
señalado de bocas,
con una mueca impuesta.
En el frío silencio de la noche
deshojan margaritas
sin hacerse preguntas,
intercambiando pies
en una espera insólita
que ha de acabar mañana.

Noche,
ojos,
mueca,
cintura,
boca.

Amanecer con vida
en un sueño de oficio
nacido desde las mismas sombras de la Tierra.

¿QUEDARÁ SITIO?

Se ha empañado la Tierra;
era ceniza como lona fresca,
sostenía perfiles que acrecían la vida,
pequeños oratorios, advertencias inquietas
en la noche,
que cubrieron de luces el proyecto.
Con sorpresa advertimos
su atractiva elocuencia,
de fácil desgranar,
su posible sangría
en vías taladradas,
en confusos dominios
para contar,
para crecer en esa bruma
bajo árboles rotos y rocas vacías;
sólo el color se salva
en rueda intacta,
porque la luz devuelve los apuntes,
los lava, mientras los ojos ciegos
se preparan para tapar los sitios
y ocupar hasta el aire.

II

Buscando mis amores
iré por esos montes y riberas;
ni cogeré las flores,
ni temeré las fieras,
y pasaré los fuertes y fronteras.

San Juan de la Cruz

EN EL CENTENARIO DE ANTONIO MACHADO

I
Reflexión

Le preocupó el camino;
caminante cansado, bien lo supo,
lo sintió en el pesar de su melancolía
cubriendo siempre el verso.

Ya no es polvo dorado su andadura;
es recuerdo que brota lleno de soledad,
para llegar ¿a dónde?

Dos figuras se alejan, apostando sus cuerpos
en hiélico abandono:
angustia y desamparo
en esa hora injusta del olvido.

Sólo la inquieta sombra
en jugueteo inútil se adelanta,
vacila, para y vuelve:
compañera de sol, ingrata a medias;
sólo de cantos lleno
en un eco profundo de coordinada música:
con él se fue el ánimo sin tiempo
de tardes sucesivas, que esperaban,
llenas de plenitud, su nacimiento,
su inmanencia prendida a las palabras:
"la palabra en el tiempo", con justa identidad
y profunda consciencia de la Historia.

Horizontes letales aminoran el paso,
se quiebra la esperanza y es preciso seguir,
guardándose en la huida de las noches sin hora;

capacidad doblada sin el aprecio amigo,
sin el gozo de la cercana luz
que llueva de ternura las últimas mañanas.

Después serán los días de los himnos triunfales,
como recuerdo estéril de un tiempo aniquilado,
como remordimiento de un final sin abrazo.

II
Soneto

Nunca se vio la tierra tan querida
ni la colina humilde que, latente,
buscaba en su existir, mudo y ausente,
el buen cantar de alguna voz dolida.

El olmo seco siente la subida
en savia vertical, de brote ardiente,
que triste maduró sin ser presente
en esa primavera verdecida.

Roquedas, sierras, encinares, chopos,
están en su relato con hondura
para arrancar al yermo su paisaje:

páramo de blancura, prietos copos
donde el invierno crece y aún perdura,
siendo el estío pobre de ropaje.

EL ÚLTIMO HOMENAJE

A José Luis Alemán

Le nacía el asombro,
cada día que estrenaba
su sonrisa,
su casi adolescencia,
desvanecida en oscuro indumento;

pies de pisada firme,
como abriendo caminos,
como dejando en rabia
de un tiempo la constancia.

Era un poco del mar,
de las montañas,
de las nubes,
del aire,
de los impulsos nuevos;

guerrero sin estrías,
integridad salvada,
medida la palabra,
ternura manifiesta,
aliento puro.

Se fue así:
entretejiendo auroras,
cubierto de romero,
enhebrado en el hilo
de múltiples estrellas
que chispeaban llanto;

disminuido, inerte,
descubierta por fuera
la total soledad,
en tránsito onírico y oculto,
que sonará campanas
en el día primero
de toda la esperanza.

EN EL RECUERDO DE MIGUEL HERNÁNDEZ

Tres palomas tocaban desde dentro:
asta, pico, diente de caracola;
punta a punta sobre la tierra blanca,
para que allí quedara el aliento
y el sentir, que deshecho se muriera,
perdido a borbotones, sin hilación
de sílabas, heladas las palabras
en el amanecer quebrado y seco.

Un nombre mal trazado, negras letras,
con tres vocablos justos y unos años;
fueron pocos, Miguel, y te dolían
en la fuerza de tu cuerpo marchito.

Tú, que naciste agreste y buscador,
pisando líquenes, saltando riscos,
abriendo con los ojos las mañanas,
casi rompiendo a golpes, con urgencia,
el telo de la aurora, que rezuma
los primeros rocíos de colores.

Extendías las manos, y era tuyo
el clamor; el gorjeo, vivo en ti
y en tu cuerpo de plumas desplegadas.
La libertad es ligera; quedó escrita
en pizarras de greda y entre el viento.

Hasta el final tu mente tuvo azogue,
hasta el final brotó tu luna nueva.

MUERTE DE UNA MUJER

Era pequeña y dulce,
ruiseñor en la bruma,
coordinadora alegre de la vida,
tintineo constante
con sonrisa de niña quebrantada;
era su estar azul en las mañanas
que ocupaba en amor,
sin bondades precisas.
Productora constante de armonía,
desgranaba el aroma del momento vivido;
su estar ha sido inmenso,
y su muerte no ha sido.

En un verano incierto nos veremos,
y seguiré aprendiendo
en el sutil aliento
de tu vida, hoy plegada,
que me enseñó a suplir,
amargo intento,
sombra por luz repleta de esperanzas.
Si lloro a mi pesar,
siento de lleno
que amonestas mi llanto con tu risa.

JOSÉ MARÍA PÁRRAGA

Soñaba con palomas,
con mujeres que miran sólo al viento,
con peces y vivos arlequines,
pero temía al fuego
y a la sombra del mundo:
a esa sombra que tapa el Universo
hermoso y primicial.

Empapadas las manos
de líneas con amor,
no podía envolverlas
en un cielo de luces;

lloraban las figuras
con desgarro profundo,
porque fueron pensadas con ternura,
con sonrisa y con alma,
por el hombre.

MARCIA

Como una onda marcada por el viento,
como si nada fuera
en el mundo incontado de la risa y el llanto,
pasó sin darse cuenta de su propia osadía,
como quien rompe cielos en enlaces profundos.

Espantajo de risas en el alba,
prototipo inquietante,
quebrado de hermosura,
tu cabeza me hiere en vibrante susurro,
como otras mil cabezas que marcaron enhiestas
los caminos lejanos de la Historia.

Espantajo feliz, te quiero mucho,
porque marcas la hora,
sí, la hora.

ISIDRO VERA PADILLA

Tienes hecha la mente
de zozobras vertidas,
de torrentes,
de aguas alborotadas
de amor,
con inicial marcada,
a todo acontecer y desde dentro,
para dejar que brote
la fuerza en el desvío.
Irremediablemente te torturas,
y el brío de tu cuerpo
se concentra en los dientes,
en las manos,
en las cejas;
lo medido
empaña tu proyecto,
angustia quieta se derrama:
y los días se quiebran
y las noches se alargan.
Fuerte golpe de luz,
luz de todas las cosas,
que choca con la piel
de tu reserva opaca,
luz que te llama siempre
con reclamo de urgencia,
luz de la vida misma
que te cubre la cara,
en tortuosa prisa
se desgasta.

Universo sin límite,
¿dónde estará tu llama?,
¿dónde tu esencia misma
que quiebras y desgranas?

PEQUEÑAS ELEGÍAS

I

Huele tu carne toda
a la aljuma de pino entre la niebla,
a nido de pichones,
a eso que arrastra el aire en la pradera;
lo noto cuando llegas
y pronuncias mi nombre, repetido
desde tu nacimiento,
como una música encogida de saeta.
Te toco por las noches,
y me duele que tu carne se crezca
y pierda los olores
de la vida primera.
Retén tus dientes únicos,
y tus manos pequeñas
que tocan sin palpar
y no cogen apenas:
son como puñaditos
hechos de pan y almendra.

II

Suave duende de transparente cera,
inquieto abril, contando primaveras,
¡cómo buscan tus ojos la ternura!,
¡y buscas el arropo en la blandura!
Frágil brisa, primicia de campana,
tu pecho se remueve en las mañanas;
tallo que se revela en lozanía,
y es un tic-tac creciente de armonía.

Envuelvo mis temores
en tu frente alisada,
y juego a los amores
mientras beso tu cara.

III

Te nací
árbol,
impronta luz,
niebla adormecida,
trenzado alboroto;
te nací entero,
con raíces y tronco
para crecerte.
Hacen techo las manos,
cuando la lluvia viene
o calienta el estío,
cuando suenan trompetas en el valle,
y rechinan las piedras
y el grito se perfila;
hacen techo,
y se mueven los ojos;
pero tú ya no estás:
sólo el vacío
y la búsqueda inquieta.

PADRE

¡Cuántos días,
cuántos caminos,
brotaron de ternura
en el puro silencio,
sin el abrazo apenas!;
¡qué tropel de recuerdos!,
¡qué reguero de vida!,
¡qué mar de comprensiones!,
¡qué tierra más fundida
en el fuego amagado del recuerdo!

Estás ahí,
juntaremos cercano nuestros sitios;
la eternidad se está esenciando ahora:
la esencias tú sin angustia de tiempo.

Hecho de fuerte enebro,
materia milenaria
donde lo frágil tuerce su sonrisa,
acaeces en las mañanas frías,
en las noches inmensas
con olores de hierba
y pureza de aire;
las palabras recaen reverdecidas:
son concretas y nuevas.

Tenue brisa de rocío apretado,
amanecer tranquilo,
siempre estarás
abriendo las ventanas,

cargado de proyectos,
sin limitar espacios;
cabeza bendecida
por una nube blanca,
tranquilo declinar,
como el oro maduro de la espiga.

Al destino le gusta inventar esquemas y figuras, su dificultad en lo complicado. Pero la vida misma es difícil por sencillez. Sólo tiene unas pocas cosas que no sean de tamaño adecuado para nosotros.

RAINER MARIA RILKE

TRAGALUZ

Se rompen los perfiles
de unos años,
se cubren las ausencias
un instante
sólo.

Camino polvoriento
que en soledad
temblea:
quedaron rotas
las minúsculas partes
de esa niebla
que avara se encabalgaba
para caer de nuevo.

Luz,
suelo,
polvo vivo:
te recordaba ausente,
y pequeñas estrellas chispeaban
tu camino inclinado.

Mis manos no cogían,
se rompía la senda
al intentar pararla;
entre las palmas prietas
aprehendía
nada:
polvo roto en mis manos.

CONTRAPUNTO

Estamos hechos
de carne y siemprevivas,
de luz y oscuro,
de camino y ensanche,
de lo que mata y cura,
de todo.

Y nos ponemos nombres
y encendemos la lumbre
que ha de hacer nuestra esquina;
quietos ahí, seguimos el vaivén
sin pararnos,
a ritmo de estertor, sin agonía.

Se mueven nuestros cuerpos
con desgaste;
todos se mueven, todos:
los hechos con amor,
o instinto sin reliquia,
hermosos y bufones,
gastados y con vida.
¡Danza voluptuosa!,
cuerpos en danza limpia:
parad, caed dormidos,
que la vida se alargue
esta noche, sin prisa.

LA PRESA

Nace
por voluntad del hombre,
robando agua del río,
que, encarcelada luego,
desparrama y recae;
se ve desde la altura
como un frío algodón,
ensartando la fuerza
que remueve las aspas en turbina;

enhebra filamentos,
conductores intrusos
que terminan en luz:
regocijo, potencia,
tranquilidad de auroras mientras duermen.

Hace ruido el silencio
en ese trozo quieto y desgajado:
aburrido depósito
que, en embalse apretado,
se vuelve remolino
con sones cantareros,
sones amortiguados,
que no llegan arriba,
donde los ojos miran
ese escanciar monótono de espuma,
entregado a los días;

ignorada belleza,
salpicada en el juego de la geografía.

¿QUIÉN TIENE PRIMAVERA?

Tiemblan alrededor todas las cosas:
lo estoy contando aquí,
desde la luna nueva,
desde esta misma hora
equinoccial y quieta,
que rompe el desajuste
de la tela de araña;

irrupción sin violencia,
agua que desazona
y salta en vida,
dejando largo tránsito
gastado en amarillos;

duelen los helores
al suelo estremecido,
todavía,
donde el sol se refracta
al puntear los rayos.

¡Qué vivo parpadeo el de la tierra!:
es como si riera
en sus eternas grietas,
desde sus quietas manchas en los siglos.

Generosa y capaz,
crece en ríos,
en vegetales
que sorben y revientan
en flor ensangrentada,
o en frágil anémona extendida;

siempre como primeros,
infinidad de seres
crecen
y reviven;
el hombre se quebranta,
pero se siente, sí,
en ese dulce impacto
que lo conmueve entero, suavemente;

brevedad sin aristas,
torrentera
que despierta fugaz,
como una valentía
corta y desaliñada;
el cuerpo la recrea,
abocándola luego
desde sus mismos límites;

es siempre diferente
en cada ser,
según la desazón,
según la fuerza
que crece generosa
si se alienta.

Bondad multiplicada
en el amor a todo,
en el salir afuera
para ver y palpar,
alargando las manos
que extendidas afirman:
yo tengo primavera.

TRABAJADORA DE LA MUERTE

Arreglaba la ropa,
y salía y entraba,
y lloraba y reía,
enredada de flores
y de cintas moradas;
desandaba el camino,
buscaba las miradas,
retorcía las manos,
perdía las palabras.

La vida estaba fuera.

Desprovista de todo,
volvía y le miraba;
la angustia le crecía
de ausencia desgarrada,
de aflorados recuerdos
que, fluyendo, maltratan.

Cercanos sufrimientos
al alma susurraban,
mezcladas las promesas,
temores y distancias.

El vivir le dolía,
la luz se le nublaba,
y miraba, y reía,
y salía y lloraba.

Trabajadora inútil:
reclínate y descansa,
que se remueven lunas
y crecen las mañanas
en intentos de días,
de presencias que claman.

ANUNCIOS EN LA CARRETERA

Plantados sin raíces en la tierra,
quietos en punto fijo, sin que nadie
les enjugue la cara ni proteja:
policromados, fluorescentes son;

al ritmo de los ojos parpadean;
giran, impersonales se revuelven,
en la dicha inconsciente se recrean,
y los soles apagan su ropaje;
brillo intenso, son camino y parada.

El tiempo los recorre y valoriza
con huella pasajera de futuro,
como si los quisiera en ese instante,
objetos de miradas que no cesan…

Desprovistos de todo, sin defensa,
el aire quiebra luego su alegría,
y caen para dejar paso a lo nuevo,
al otro “slogan”, que llegó con prisas.

EL NICHO

Yo no quiero ir a la tierra,
tierra de china cortada,
que pisamos con los pies,
que se abandona y engrama.

Te lo pido y lego escrito:
el nicho que yo pagaba
se lo dejé a un viejo amigo
y que luego lo dejara.

No sé qué pasará luego…
Te lo pido con el alma,
que no quiero ser hundido
en esa oscura mañana.

Los pájaros se sostienen,
y son felices con alas;
si yo no puedo tenerlas,
ponme a nivel de una rama:
que yo vea, que yo sienta,
que no me tapen la cara
con gusanitos de tierra
y con hierba embarrizada.

Espero el bien y la luz
que armonizan con el alba,
para levantarme luego
sin la cara señalada.

LA MANCHA

Desde esta tierra llana
he visto nacer hombres
que parecían piedras:
carne resquebrajada
de tocar horizontes con las manos.

No cumple el sol su ley del escondite:
quema siempre, cuando se pone y quita,
no hay línea que lo tape.

Un árbol es un punto
orgulloso y sereno:
su sombra tapa un bulto.
¡Qué más para una sombra!

Siempre la vista alcanza
un ancho mar en firme.
Se pisa hasta las sienes
del nacimiento mismo,
pero los pies no llegan
ni se hunden;
es como si cien capas,
de otros cien universos,
sostuvieran el peso
de ese gran plano pardo
que huele sin caricias
eso que lleva el viento,
arrastrando al barrer.

Se puede caminar
en línea recta,
con los ojos perdidos,
sin el final inquieto
que siempre es una trampa:

más alla…,
y no se acaba;
es un hilo infinito,
diluido y confuso, apagado
a fuerza de crecerse;
es una gran escama
que seca se mantiene,
y redobla su fuerza,
y nunca se desgasta.

Pardo
y
azul
de frío
cuando los soles quiebran y descansan.

Repartida la tierra,
cada trozo es un mundo
donde el hombre se apaña.

… He visto nacer hombres
que parecían piedras;
he visto de las piedras
las entrañas.

CÍRCULO

Estamos encajados
en una tapa opal,
sin cobertura,
expuestos a la luz,
pero sin verla apenas;
en nebulosa grácil,
contorsionadas,
caen las figuras;
y palpamos la niebla
que humedece tan sólo
nuestras manos;
removidos,
contamos los alientos
sin mirarnos;
cristalina y tapiada,
nuestra cara se esconde.
¡Oh, angustia irremediable
que de vueltas se ampara
en la busca del otro!,
del otro.

LLAMADA

Menestrales, al pie del duro yunque,
de la madera altiva,
del carbón y la piedra,
moldeados alambres
que retuercen contornos,
del yeso y la escayola,
del mármol al mármol;

suaves hilos de seda
acarician la urdimbre,
cruzando los colores,
nacidos entre dedos.

Hacer un pan en rito suave y lento,
revuelto con las manos:
ofrenda prodigiosa.

La máquina os ayuda
y embebe vuestras sienes,
hechas para cien logros
descubiertos en días.

Se secan las mañanas
sin cabezas ni manos
originales;
cabezas,
como viejas esferas
que enjugan su corteza
en el sol de la noche,
ensambladuras fieles
cerradas al instinto.

Las formas ya no existen,
uniformadas van
a ritmo de engranaje pervertido.

Hay un oficio antiguo
que rechina del hierro y la mecánica:
preparador de flores,
floristero,
que con sus yemas toca
y vuelve nidos,
hechos de agua y de viento
entre las hojas,
que sostienen colores principales,
intacta perfección,
aislamiento de siglos.

LA ROSA

Se ha olvidado la rosa
que recorría el verso
tocando los acordes
de una existencia efímera.

Cantarla era un aliento
en la mañana fresca,
cuando turgentes pétalos
invadían estancias.

Los huertos recreaban
la natural presencia
de una tierra esponjada,
oferente y festiva.

Envolvía el recuerdo
el aroma invisible
que pervive en el tiempo,
haciéndolo presente.

La rosa, si es efímera,
es rosa; que, en ausencia,
lo perfecto y lo bello
crecen y tienen vida.

¿Por qué este extraño olvido,
si es hermoso el objeto
para el perfecto canto
de la belleza instante?

EN LA CÁRCEL DEL MAR

En la cárcel del mar
preparabas traína, marinero;
pensabas sin cantar,
guardabas tu venero
oferente; y al azar,
con un descuido frío y trajinero,
cogías, sin mirar,
la red de su asidero;

el viento que, al cruzar,
parecía de acero,
acariciaba, apenas sin tocar,
tu cara, marinero:
tu pelo sin trincar,
como bronco romero,
mojado al salpicar
algún pez prisionero;

desde la tierra al mar
ya no media el alero
que cobija tu lar;
hay que aguardar, viajero;
hay que contar las millas de tu andar
para saber, primero,
cuándo vas a pairar
tu pailebot velero.

Es tu fuerza soñar:
que es prisionero
el que cuenta los días, sin notar
que los vive primero.

NO SÉ

Voy subiendo descalza
por la penumbra oscura,
con gotas en las manos
de apretado rocío,
sin risas ni cantares,
ni módulo visible
que encuadre este camino de mi andar.
Buscando sin cansancio,
entre arrecifes secos,
me ocupó lo vacío:
no sé qué mar es éste
que no rompe en mi orilla,
y me deja rozando
su húmedo nacer;
no sé qué mar, y ahora
lo toco con las manos.

No subo los andamios
de una esperanza quieta;
no subo las escalas
de ese son anillado.
Es como si el espacio
interpusiera siempre
la gran tela tejida
para guardar enjambres
de seres enjaulados,
y, tejiendo la tela,
no alcanzara el comienzo.

VEN ESTA TARDE A VERME

Ven esta tarde a verme. Es un impulso terco
que tirando del hilo, acorta la distancia.
Conservo las palabras, las notas de la música,
y unas líneas de Proust señaladas con cinta.

Si todo es un instante, yo quiero releerlas
bajo la luz caliente, ya reclinada en vísperas,
sin sedientos relojes, sin tantanes metálicos,
sin ruido universal que apague los silencios.

Ven esta tarde a verme, para empaparnos juntos
de esa belleza intacta que nos da cada día:
los azules, los grises, la lluvia, los tejados,
el caminar con ritmo, sabiendo que te mueves;

¡te mueves! Se mueve tu grandeza primera,
sólo porque lo quieras y dirijas tus pasos
hacia el cielo y el mar, bordeando la tierra,
que todo es para el hombre desde su nacimiento.

SÍMBOLOS DEL AMOR

Poseían la dicha merecida
dos amantes que la vida sintieron,
y en un profundo azogue se mecieron,
sin el temor a libertad medida.

Un viento precedió la sacudida,
y, separando el bien, los condujeron
a una espera sin fin, donde crecieron
angustia y desamparo de la huida.

Bajo la vuelta, acrecentó tormento
en ese suceder, propicio a la tristeza,
donde tan sólo un beso trae lamento,

y el quererlo tornar, es entereza
de un ser ya destrozado y sin aliento,
que sella con su muerte la proeza.

HE VISTO

Hoy he visto la intemperie en su cara,
el ocioso vestir de su apariencia,
igual cada mañana en su experiencia,
sin que nadie sus ropas amañara.

He observado sin luces de algazara
su atemperado ritmo sin violencia,
su escaso subsistir sin exigencia,
sin esperar que nadie le buscara.

Hombres solos, de abrigos polvorientos,
que apagan su vivir sin alegría,
sin resguardo ni amparo que sustente.

Siempre en soledad, les sueño hambrientos
de esos ojos que nadie volvería,
porque no es su pasar tan elocuente.

ÍNDICE

EL VAHO EN LOS ESPEJOS

I

II

III

Esta obra
se acabó de imprimir
con los auspicios de
Charo Fierro y
Antonio J. Huerga, editores

FINIS CORONAT OPUS